Richard Knecht
Notizen eines Büffels

mit Illustrationen von Walter Dick

linthverlag

Autor und Verlag danken den folgenden Privatpersonen und Institutionen für ihre grosszügige Unterstützung:

Anne-Marie Schindler Stiftung, Glarus
Brigitta-Kundert-Stiftung, Diesbach
Markus Hösli, Luchsingen
Felicie Mosca, Scuol
Hansruedi Brütsch, Luchsingen
Ilona Knecht, Luchsingen
Ärzte Linthal Braunwald AG

Notizen eines Büffels
© linthverlag, Glarus 2017
1. Auflage
Gestaltung: Andri Zubler
Umschlag: Walter Dick
Lektorat: Gaby Ferndriger
Korrektorat: Hans Ferner
Druck und Bindung: Spälti Druck AG, Glarus
ISBN: 978-3-85948-172-5
Alle Rechte vorbehalten
Besuchen Sie uns im Internet auf:
www.linthverlag.ch

Für Ilona

Vorwort

Blick in den Zwischenraum

In unserer Buchhandlung staune ich immer wieder: Nein, es stimmt nicht, dass Lyrik „out" sei. Im Gegenteil, die Bereitschaft, sich auf Gedichte – seien sie nun gereimt oder nicht – einzulassen, ist ungebrochen da. Oder denken Sie an den Höhenflug der „Spoken word"- Bewegung ? Vor voreiligen Urteilen sei ausdrücklich gewarnt ! Richard Knechts Lyrik bewegt sich in unserer Zeit. Georg Thürer liegt gedanklich in vielem nur wenig zurück, die Rapper von heute stürmen schon wieder voraus. Er, dessen Biographie sich mit den ersten Prosatexten von Emil Zopfi sehr gut vertragen könnte, er ist auch ein „neuer Glarner Autor"; keiner, der hier seine Kindheit verlebt hätte, aber einer, der nach Reisen durch die halbe Welt hier, bei uns zum Innehalten gefunden hat. Das mag den schönen Erfolg erklären, den seine Texte in ganz kurzer Zeit im Glarnerland haben erfahren dürfen.
Eines ist zu hoffen. Dass seine Arbeit mit der Sprache weitergehen möge und dass das, was wir hier vorgelegt bekommen, sozusagen ein Zwischenraum ist, ein Zwischenraum hindurchzuschaun... Auf den weiteren Weg Richard Knechts, das sieht man jetzt schon, dürfen wir uns jedenfalls freuen. Ihn mit diesem Bändchen ein Wegstück zu begleiten, macht Freude.

Gaby Ferndriger

Notizen eines Büffels

Als mich ein Offizier während meines Militärdienstes fragte, ob ich bereit sei, für das Vaterland zu kämpfen, antwortete ich ihm, ich würde lieber für die Muttersprache kämpfen, weil sie dazu benutzt wird, Friedensverträge zu formulieren, nachdem die Väter alles kurz und klein geschlagen haben. Worauf er mich einen Büffel nannte und abtreten liess. So absolvierte ich den Rest meines Militärdienstes als vaterlandsloser Büffel.

Es gibt Vorgesetzte im Berufsleben, die wirken wie fleischfressende Pflanzen. Sie sehen harmlos aus, doch wenn man ihnen zu nahe kommt, schnappen sie zu. Ein solcher Vorgesetzter bat mich, während eines Mitarbeitergespräches, ehrlich zu sein und ihn ebenfalls zu bewerten. Ich entsprach seinem Wunsch, worauf er mich tief beleidigt mit den Worten, ich sei ein Büffel, aus dem Büro wies.

Mir tun die Büffel leid. Ausser den Indianern scheint sie niemand zu mögen.

Zwei Wünsche

Ich wünsche mir, dass alle Sprachen
dieser Welt nur noch gepfiffen werden.

Und ich wünsche mir,
dass Schildkröten Löwen jagen.

Die Schweiz im Jahr 2050

Steigt man in UBS City (ehemals Zürich) in den Zug nach Credit Suisse Ville (ehemals Genf), fährt man bald einmal am Schuldenberg vorbei, dem höchsten Berg des Landes. Weiter geht die Fahrt mit dem computergesteuerten Zug, durch dicht besiedeltes Gebiet, in dem sich endlose Autokolonnen im Schritttempo vorwärts bewegen. Ältere Reisende erinnern sich noch daran, dass hier einmal Felder und Wiesen waren. In den Abteilen ist es totenstill. Keiner spricht ein Wort. Menschen, die einander gleichgültig sind, starren auf kleine Bildschirme, die sie in den Händen halten. Nur ein Roboter schreitet durch die Wagen und gibt die neusten Börsenkurse bekannt. Die Menschen haben sich verändert. Dort, wo sich früher das Herz befand, ist eine faustgrosse Vertiefung sichtbar, und die Ellenbogen haben sich ausserordentlich stark entwickelt.

Eine Fahne für den Zufall

Bei jedem Staatsbesuch werden Fahnen gehisst, bei jedem Machtwechsel flattern Fahnen im Wind. In jedem Krieg werden Fahnen hochgehalten, und viele sind schon für Fahnen gefallen. Eigentlich merkwürdig, welche Macht Fahnen auf Menschen ausüben, obwohl so vieles, vom Ort der Geburt eines Menschen, bis hin zur Festlegung von Landesgrenzen, doch von Zufällen mitbestimmt wird.

Wir sollten dem Zufall im Leben ein Zuhause geben. Die Welt wäre friedlicher und ehrlicher, wenn auch der Zufall eine Fahne hätte. Wer zieht schon für den Zufall in den Krieg oder fühlt sich als Zufall andern gegenüber überlegen?

Ansonsten bleibt die Alkoholfahne wohl die einzige Völkerverbindende Fahne.

Ansichten eines Oldtimers

Ich bin in einem Dorf aufgewachsen, in dem sich Hasen und Füchse gute Nacht sagten. Heute wünschen sich kaum mehr die Familienmitglieder eine gute Nacht, dafür hat sich die Einwohnerzahl vervielfacht. Als ich einmal als Jugendlicher versuchte, im Dorfladen Zigaretten zu kaufen, fragte mich die Ladenbesitzerin, für wen diese Zigaretten bestimmt seien. Ich antwortete: „Für meinen Vater", worauf sie mich mit den Worten „dein Vater raucht nicht", aus dem Laden spedierte. Das waren noch Zeiten, als man über die Laster und Gewohnheiten seiner Mitmenschen Bescheid wusste.

Ich vermisse sie manchmal, die alten Zeiten, auch weil sie mit Erinnerungen an meine Grossmutter verbunden sind. Es war ihre einfache Art zu leben, die ich an ihr liebte, und ihre Art, etwas Verlorenes wiederzufinden, durch das Anzünden einer Kerze in der Kirche. Als junges Mädchen verliess sie ihre Heimat, um „in der Fremde", wie man damals sagte, zu arbeiten. Nach ihrer Heirat verbrachte sie ihr ganzes Leben im selben Dorf, und schon eine Reise in die nächste Stadt war für sie etwas Grosses. Sie war bescheiden und hatte stets ein grosses Herz für uns Kinder. Noch heute habe ich den Geschmack jener Schokolade im Mund, von der sie mir jeweils ein Stück abbrach und mit den Worten „aber sag Grossvater nichts davon", in die Hand drückte.

Umarmungen

Wenn ich meine Erinnerungen verliere,
verliere ich auch dich.
Doch ohne die Umarmungen
der Vergangenheit,
brauche ich auch keine Zukunft mehr.

Die Halbzeit

Überall wird gespart und fusioniert. Warum nicht bei der Zeit? Das Resultat wäre erstaunlich. Wir könnten immer zwei Monate zusammenlegen. Aus zwölf Monaten würden dann nur noch sechs. Die Einsparungen wären enorm. Denken sie nur an die monatlichen Mietkosten und Krankenkassenprämien.

Der neue, fusionierte Jahreskalender ergäbe folgendes Bild: Januar und Februar würden zu Janfeb. März und April zu Märil. Mai und Juni wären Majun. Juli und August bilden den Jugust. September und Oktober heissen neu Septober und aus November und Dezember wird Novdez.

Auch die jährlichen Staatsausgaben würden dadurch halbiert. Sogar die Zukunft wäre nur noch halb so schlimm.

Affenliebe

Was haben wir uns gegenseitig
nicht schon alles abgelaust und uns
tierisch aneinander erfreut.

Rückblick

Noch mehr Zeit hätte ich für
die Liebe abzweigen sollen und
noch mehr Zeit mit all dem Schönen
im Leben verbringen, als mir noch alle
Zeit zur Verfügung stand.

Globalisierungsgedanken

Wir leben in einer Welt, die uns Menschen immer mehr miteinander verbindet, ohne dass wir uns aber wirklich näherkommen. Distanzen werden immer schneller überwunden, und Informationen sind weltweit in Sekundenschnelle per Tastendruck abrufbar. Doch es scheint ein Verwirrspiel zu sein. Das Ferne scheint nah, das Nahe wird fern. Unsere Herzen sind dem Tempo nicht gewachsen, schlagen der Globalisierung hinterher. Indianer pflegten sich, nach einem rasanten Ritt über die Prärie, auf den Boden zu setzen, um auf ihre Seelen zu warten. Wollten wir, mit unserer Lebensweise auf unsere Seelen warten, müssten wir wohl einen beachtlichen Teil unseres Lebens auf dem Boden sitzend verbringen. Manchmal fühle ich mich in dieser globalisierten Welt wie ein Fremder, der mit einem Stadtplan von Venedig durch Zürich läuft, und das Gefühl nicht los wird, er habe am Bahnhof Gondeln gesehen.

Zuhause sein

Wohnblöcke, dicht aneinandergebaut. Bewohnt von Menschen, die einander gleichgültig sind. Namensschilder an den Eingangstüren mit der Aufschrift: Hier wohnt niemand.

Mehr Lebensfreude
oder Wein als Medizin

Ich bin zweiundsechzig Jahre alt, sehe aber aus wie einundsechzig. Das verdanke ich dem Rotwein. Meine Arme sind kräftig wie Rebstöcke, das verdanke ich dem Öffnen von Weinflaschen. Ich mag ihren Inhalt und ihre ruhige Art. So etwas findet man unter Menschen selten. Zudem liegt im Wein die Wahrheit und ein gutes Stück Lebensfreude. Schade, dass die Krankenkassen diese Medizin nicht auf ihrer Liste haben. Die verkaufen lieber ihre Pillen und schicken die Patienten in langweilige Kliniken, wo sie sich das Gejammer und Geklöne der andern anhören müssen. Da kann man ja nicht gesund werden. Wo möglich, sollte Wein als Medizin verschrieben werden. Schon deshalb, weil die meisten Viren und Bakterien nicht schwimmen können. Und warum sollte ein Arzt seinen Patienten nicht mal einen guten Tropfen mit auf den Weg geben? Auch in den Wartezimmern wäre eine ganz andere Stimmung, wenn die Arztgehilfin mit einer Karaffe Wein die Wartenden aufmuntern würde. Viele wüssten mit der Zeit gar nicht mehr, warum sie gekommen sind, und würden in angeregter Stimmung wieder nach Hause gehen.

Politvögel

Ich höre lieber den Vögeln zu als den Politikern. Erstens singen sie schöner und zweitens vermisse ich sie, wenn sie den Winter über in den Süden ziehen. Würde ein Grossteil der Politiker im Süden überwintern, würde ich sie wohl kaum vermissen. Etwas Gemeinsames haben sie aber, die Politiker und die Vögel. Ab und zu legen sie hohle Eier. Oder wie der Volksmund sagt: „Die händ öis wider e schöns Ei gleit." Und hin und wieder hört man die Worte: „Die händ en Vogel." Gerne gesehen werden hingegen geistige Höhenflüge und kreative Loopings. Auch während der Balzzeit, im Politjargon Wahlen genannt, ergeben sich Ähnlichkeiten. Doch wenn Staatsmänner und Frauen sich mit dem Federkleid „Ehrlichkeit" schmücken, ist dies ungefähr so, wie wenn man Albatrosse als Senkrechtstarter bezeichnen würde. Das Sprichwort „Lügen haben kurze Beine" gilt in der hohen Schule der Politik nicht. Sonst müssten etliche Volksvertreter ihre Hosen in der Kinderabteilung kaufen. Im besten Fall muss jemand, der den Vogel abgeschossen hat, selber Federn lassen oder verlässt die Politarena als gerupftes Huhn. Ich werde einfach das Gefühl nicht los, dass es einfacher ist, im Hauptbahnhof Zürich ein Edelweiss zu pflücken, als im Bundeshaus ein Versprechen einzulösen. Vielleicht müsste ich sie einmal singen hören, unsere Politvögel, damit ich ihnen ebenfalls gerne zuhören würde. Am liebsten „Alle Vögel sind schon da."

Zeit totschlagen

Beim Versuch, die Zeit totzuschlagen, habe ich mit dem Hammer danebengehauen, und die linke Hand verletzt, mit der ich die Zeit festhielt. Seither rühre ich die Zeit nicht mehr an.

Das letzte Wort

Wenn Worte kleine, schmerzempfindliche Lebewesen wären, würden sie sich vor den Menschen verstecken. Ein paar Worte müssten sogar künstlich am Leben erhalten werden, weil sie zu oft missbraucht wurden. Besonders empfindsame Worte würden sich an stille Orte zurückziehen, um sich vor Verletzungen oder dem Unglaubwürdig werden zu schützen. Auch die Angst vor dem Aussterben würde, vor allem bei älteren Wörtern, ihre Opfer fordern.

Wenn Worte auch noch trinken könnten, würden einige von ihnen ihr Dasein im alkoholisierten Zustand verbringen. Weil sie niemals bei klarem Verstand über Stimmbänder hinweg in den Abgrund springen würden.

Und wenn das letzte Wort verschwunden wäre, würden wir schweigsam unsere Sprache und deren Schönheit vermissen.

Endstation

Wenn dir die Zukunft
entgegenkommt,
und du nur noch
in den Erinnerungen lebst,
befindest du dich
im Wartsaal der Endstation.

Über die Liebe

Wir lieben es, geliebt zu werden, doch es fällt uns schwer, andere zu lieben. Vielleicht ist es die Angst, enttäuscht zu werden, die uns oft daran hindert, jemandem „Ich liebe dich" zu sagen. Und obwohl die Liebe das erste Gefühl ist, das uns entgegengebracht wird und das letzte, das uns in den Tod begleitet, lieben wir zeitlebens mit angezogener Handbremse. Irgendetwas scheint uns zu hemmen. Vielleicht verbringen wir zuviel Zeit vor dem Fernsehapparat oder horchen mehr auf verdächtige Motorengeräusche als auf unsere Herzen. Wir sind wie Flüsse, die langsam austrocknen.

Von Tieren und Menschen

Wir stellen uns über die Tiere, behaupten etwas Besseres zu sein, nur weil wir Dinge wie Gummibärchen oder WC-Enten erfunden haben. Dabei lässt sich die Menschheit durchaus in die Welt der Tiere einordnen. Besteht sie doch auch aus Angsthasen, Streithähnen, Neidhammeln und Spassvögeln. Auch von Finanzhaien und Blutsaugern hört man immer wieder. Und warum sollen die Worte „du bist ein Esel", die grössere Beleidigung sein, als die Worte „du bist ein Mensch"? Kein Esel hat je solche Schäden angerichtet wie der Mensch.

Ich komme mit

Du gibst mir das Gefühl,
auf der Seele zu reiten,
hast mir schon manchen Stern
vom Himmel geholt.
Egal wohin du gehst, ich komme mit.

Feindbild

„Ihr bleibt solange in der Formation stehen, bis sich derjenige meldet, der diese Zigarette auf den Boden geworfen hat", schrie der Kommandant und verschwand. Keiner meldete sich. Und so standen wir in der prallen Mittagssonne, auch die Nichtraucher. Als die ersten wie Herbstblätter zu Boden gingen, kam Bewegung in die Truppe. Die Mutigsten begannen sich in Richtung Kaserne davonzumachen und die restlichen zogen unaufhaltsam mit. Die Unteroffiziere begannen herumzuschreien, und drohten mit Strafen, doch keiner beachtete sie. Am anderen Tag wurden wir mit einem langen Fussmarsch bestraft.

Der während meiner Rekrutenschule häufig gebrauchte Ausdruck Feindbild prägte sich mir tief ein, obwohl es mir schwer fiel, mir bei jeder Gelegenheit Bösewichte vorzustellen. Und wenn es mir gelang, trugen sie die Gesichtszüge der Vorgesetzten.

Das Gefühl, nicht von hier zu sein

Die Welt ist ein Gebäude,
           mit eingeschlagenen Fenstern
                        und ausgehängten Türen.

Heimweh

Zärtlich streichelte er den Schlüssel und schloss dabei die Augen. Der Geruch von alten Mauern stieg ihm in die Nase, auch der salzige Geruch des Meeres. Wie oft hatte er sich gewünscht, noch einmal sein Haus zu sehen und durch das offene Fenster aufs Meer hinauszublicken. Noch Monate, nachdem er sein Zuhause verlassen hatte, kam es vor, dass er im Traum die Wellen an die Felsen schlagen hörte, und beim Erwachen waren seine Augen nass. Der Schlüssel war alles, was ihm geblieben war. Andere hatten mit ihm den Ort verlassen, ihre Häuser abgeschlossen und die Schlüssel mitgenommen. Bestimmt würden auch sie manchmal ihre Schlüssel hervorholen und sie mit geschlossenen Augen streicheln.

Einen Milchkessel voll Erinnerungen

Als Kind konnte ich einen Milchkessel voll Milch um die Schulter schwingen, ohne auch nur einen Tropfen auszuschütten. Als alter Mann werde ich versuchen, ein Glas Milch zu trinken, ohne allzuviel daneben zu schütten. Und als Greis, werde ich die Milch wohl aus der Schnabeltasse trinken. Und ich werde in einer Welt leben, in der die Kinder nicht mehr wissen, was ein Milchkessel ist. Und ich werde versuchen, mir einen Milchkessel voll Erinnerungen zu bewahren, ohne auch nur eine einzige zu verlieren.

Immer weniger Antworten

Andere suchen Pilze, ich suche Antworten. Doch es wird immer schwieriger, Antworten zu finden. Es gibt von Jahr zu Jahr immer weniger davon. Dafür schiessen die Fragen wie Pilze aus dem Boden. Doch ich gebe nicht auf. Irgendwo müssen noch ein paar Antworten herumliegen.

Tränen sind flüssige Worte

Es war mein erster Arbeitstag als Pfleger. Ich sollte die alten Männer duschen. Der erste trat auf mich zu. „Ich will als erster duschen", sagte er. Ich stellte die Dusche an, nahm Lappen und Seife und begann den alten Mann zu waschen. Sein runder Kopf war beinahe kahl. Trotzdem nahm ich die Shampooflasche und wusch ihm den Kopf. Ich hatte noch nie zuvor einen alten Mann geduscht. Um meine Unsicherheit zu verbergen, fragte ich ihn, wie lange er schon in dieser Klinik sei. „Zehn Jahre", antwortete er knapp. „Und früher, was haben sie früher gemacht", fragte ich ihn. „Ja früher, da war ich noch wer", sagte er mit leiser Stimme. Und obwohl ich sah, dass er weinte, fragte ich ihn, ob ihm Shampoo in die Augen geflossen sei.

Gastfreundschaft

Dem Tod im Leben ein Zuhause einrichten,
damit er sich wohlfühlt,
und lange bleibt.
Bevor er geht,
und das Leben mit sich nimmt.

Tipps für ein glückliches Leben

Manchmal wird der Denkapparat, im Fachjargon Hirn genannt, vom Besitzer mit einer Wundertüte verwechselt, auf der Haare wachsen. Deshalb steckt das Leben voller Überraschungen. Betrachten Sie es als menschliche Baustelle, an der ständig herumgebastelt wird. Und denken Sie daran, dass der Mensch zu sechzig Prozent aus Wasser und zu vierzig Prozent aus Leichtsinn besteht. Nehmen Sie deshalb nicht alles wörtlich, was er sagt. Der Postbote versteht unter einer Drucksache ja auch nicht eine Frau, die er an sich drückt. Und machen Sie sich keine Sorgen wegen der AHV. Sie wird weiterexistieren, notfalls unter der Bezeichnung FdK (Für die Katz). Noch ein Tipp für die Damen: Hüten Sie sich auf Kreuzfahrten vor dem Kapitän. Das sind auf Hochglanz polierte Schluckspechte. Werfen Sie ihren Anker nicht in seichtes Gewässer. Warten Sie, bis Sie wieder an Land sind, und angeln Sie sich einen Wirtschaftskapitän. Und wenn Sie ihrem Liebsten ein Briefchen schreiben, verwenden Sie keine modernen Abkürzungen wie „MfG" anstelle von „Mit freundlichen Grüssen". Es könnte genau so gut „Mutter fischt Garnelen" bedeuten.

Und sollte Ihnen gemäss einer Statistik ein Vermögen zugesprochen werden, über das Sie gar nicht verfügen: Einfach herzhaft lachen. Statistiken haben dieselbe Glaubwürdigkeit wie zwei Boxer, die sich während den Kampfpausen gegenseitig mit Mon Chérie füttern.

Zuhören

Früher erzählten sich die Menschen Geschichten. Und durch das Erzählen erlernten sie das Zuhören. Jedes Leben ist ein Bündel Geschichten. Doch niemand will heutzutage mehr zuhören. Zu sehr sind die Leute mit sich selbst beschäftigt. Aber ein Leben, das nicht erzählt werden kann, weil es niemand hören will, ist ein einsames Leben.

Abschiednehmen

Die Liebe ist in Bahnhöfen nur schwer zu ertragen. Das Warten hinter der Fensterscheibe. Winkzeichen. Blicke. Die Trennung hinauszögern, weil der Zug noch nicht abfährt, obwohl man schon Abschied genommen hat. Die Liebe kennt keine Fahrpläne und Verspätungen erträgt sie kaum.

Der Zermürber

Der Zermürber liegt zwischen Herz und Seele. Ein kleines, von der Wissenschaft bisher unentdecktes Organ. Jeder Mensch trägt es in sich. Es hat die Form einer kleinen Glocke. Ab und zu läutet der Zermürber in uns. Dann sehen wir zermürbt aus. Das ist menschlich und gehört zum Leben. Doch bei einigen Zeitgenossen scheint diese kleine Glocke andauernd in Betrieb zu sein. Das ist so, wie wenn ein Kleidungsstück tagtäglich in der Waschmaschine herumgeschleudert wird. Da bleibt am Schluss nicht mehr viel Erfreuliches übrig. Dieser kleine, glockenförmige Zermürber, prägt, obwohl von der Wissenschaft bisher unentdeckt, unser Leben.

Geständnis

Ich mag Menschen,
die aus dem Boot fallen,
weil sie den Mond umarmen wollen,
der sich im Wasser spiegelt.
Ich mag Menschen,
die etwas umarmen wollen,
an dem man sich nicht festhalten kann.

Täglicher Krieg

Was treibt uns bloss dazu,
alles kaputt zu machen.
Unsere Familien,
unsere Freundschaften.
Dinge in der Natur,
die wir nicht mehr achten.
Wir haben Seelen wie Spülkästen,
spülen einfach alles runter.
Unsere Liebe,
unsere Träume.
Führen täglich unsern Krieg
gegen uns selber.

Minderheiten sind stark

Geschlossene Wartesäle wegen ein paar Vandalen. Überwachungskameras wegen wenigen Gesetzesbrechern oder Misstrauen gegenüber Fremden, wegen einem kleinen Teil von Missratenen, zeugen von der Macht von Minderheiten, genauso wie Grossaufgebote von Sicherheitskräften bei Sportveranstaltungen wegen ein paar Gruppen von Gewalttätigen. Aber auch die Geschicke dieser Welt werden beeinflusst von einer Minderheit von Reichen und Mächtigen. Minderheiten sind stark. Sie prägen unser Leben.

Tretmühle

Du steigst in den überfüllten Zug, fährst mit Menschen, die einander überdrüssig sind in die Stadt, verbringst den Tag am Arbeitsplatz mit Menschen, die einander gleichgültig sind. Am Abend steigst du wieder in den überfüllten Zug zu Menschen, die einander immer noch gleichgültig und überdrüssig sind.

Wenn Sprachen sterben

Die Welt der Sprachen wird immer kleiner.
Jedes Jahr sterben Sprachen.

Und weil es keine Friedhöfe für tote Sprachen gibt,

sterben nicht nur Worte, sondern auch Erinnerungen.

Und mit jeder toten Sprache, verschwindet auch ein Stück Menschheit.

Zufall

Ich möchte mich einmal bedanken, weiss aber nicht so genau wo und bei wem. Du kommst aus einem Dorf im Norden Jugoslawiens, und ich komme aus einem Dorf in der Schweiz. Wir treffen uns zufällig in einem Restaurant und verlieben uns. Dafür möchte ich mich bedanken. Bei dir, beim Zufall, bei deinem und meinem Dorf, und sollte noch jemand seine Finger im Spiel gehabt haben: Danke.

Feierabend

Abend für Abend, hocken sie vor ihren Fernsehapparaten und jagen sämtliche Programme durch den Kasten. Sie sehen sich an, wie sich zwei Boxer die Birne vollhauen, wie sich Liebende küssen, wie Häuser niederbrennen und Kinder weinen. Dazwischen ein paar Spielzüge aus einem Fussballspiel, die Wetterprognosen, und dann wieder zurück zu den Boxern, die sich noch immer die Birne vollhauen. Ich weiss nicht, wer das Wort Feierabend geprägt hat, aber das sollte er sich mal ansehen.

Tagtraum

Ich verbringe den Tag hinter isolierverglasten Fenstern, in einem Grossraumbüro mit Neonbeleuchtung. Draussen blühen die Wiesen. Das einzige, das mir blühen kann, ist ein Stellenabbau. Abends, beim Verlassen der weiss gestrichenen Arena, in der wir unsere täglichen Kämpfe austragen, denke ich oft an den Ausspruch: „Es ist egal was du tust, wenn du es mit deinem Herzen tust." Doch es fällt mir schwer, aus ganzem Herzen vor dem Computer zu sitzen, umgeben von Mitarbeitern, die einander gleichgültig sind. Manchmal überfällt mich ein Tagtraum. Ich sehe mich dann auf einem Berg sitzen, die Augen voller Sternschnuppen und das Herz voller Wünsche.

Gewohnheit

Wir haben uns dermassen an das Leben gewöhnt, dass wir es nicht mehr wahrnehmen. Ein Leben, geführt wie auf einem Eisenbahngeleise. Der kleinste Stein auf der Schiene führt zu einer Erschütterung.

Erde

Manchmal möchte ich mich auf die Erde legen und sie umarmen. Ich weiss nicht, ob die Erde uns liebt, doch wir sollten sie lieben. Sie muss rot sein in ihrem Innern, von all den Wunden, die wir ihr zugefügt haben. Ab und zu, wenn sie genug geschluckt hat, spuckt sie es aus. Vulkane schleudern dann das heissgekochte Blut aus ihrem Bauch. Uns mahnend, wir hätten uns zu weit von ihr entfernt.

Mutter

Ich weiss nicht, wann wir uns das letzte Mal umarmt oder geküsst haben, es ist zu lange her. Doch von dem Moment an, als sie mich in ihre dünn gewordenen Arme nahm und küsste, habe ich sie wieder geliebt. Und all die Jahre, in denen wir uns nichts zu sagen hatten, schienen in diesem Augenblick zu verschmelzen. Und während sie von ihrer Krankheit erzählte, bemerkte ich, dass sie mir schöner und zärtlicher erschien, als je zuvor. Und als ich mich von ihr verabschiedete, spürte ich, wie es mir die Tränen in die Augen trieb, weil ich wusste, dass sie bald sterben würde.

Grabrede

Die Toten erkennt man daran, dass sie von den Lebenden mit schönen Worten bedacht werden. Es macht keinen Sinn, nur der schönen Worte wegen zu sterben. Doch was tut man nicht alles, um wenigstens als Toter gestreichelt zu werden.

Ein Leben lang

Würde das Leben nur einen Tag dauern, möchte ich ihn mit dir verbringen. Und es wäre schön, wenn du gegen Mitternacht zu mir sagen würdest: „Wir waren das ganze Leben zusammen und ich liebe dich immer noch."

Keine Chance

Manchmal werfe ich ein paar Erinnerungen zum Fenster hinaus. Was tut man nicht alles, um sich das Leben leichter zu machen. Doch jedesmal, wenn ich das Fenster wieder öffne, bläst der Wind die zerzausten Erinnerungen zurück.

Privatsache Armee

Alles wird privatisiert. Warum nicht auch die Armee? So könnte die Infanterie, im Besitze der chemischen Industrie, für Kopfwehtabletten und Abführmittel ins Manöver ziehen. Die Fliegertruppe, der Nahrungsmittelindustrie angehörend, könnte für Getreidestängel und Beutelsuppen den Himmel bewachen. Und an gemeinsamen Defilées würde ein bunter Haufen, in firmeneigenen Uniformen, begleitet von Reklamesprüchen, an ihren Geschäftsführern vorbeimarschieren.

Liebesversicherungen

Wir haben uns angewöhnt, gegen alles Mögliche Versicherungen abzuschliessen. Sogar gegen den Tod. Nur die Liebe lässt sich nicht versichern. Der Schadenfälle wären unzählige, die Prämien unbezahlbar, die Versicherungsagenturen hoffnungslos überlastet. Könnte man die Liebe in Flaschen abfüllen und trinken, kämen wir den Paradies mit jedem Schluck einen Schritt näher, und auch das Abschliessen von Liebesversicherungen wäre möglich.

Entfremdung

Menschen gehen aneinander vorbei.
Sie vermeiden es,
sich in die Augen zu sehen.
Entwurzelte Lebewesen
mit ausgelaugten Seelen,
die kaum noch etwas empfinden.
In ihren Augen
könnte man es sehen.

Machtmenschen

Mit Ellenbogen wie Kampfwagen und Seelen,
mit denen man Nägel einschlagen kann,

beherrschen sie die Welt.

Zwischenraum

Es gibt zwei Dinge, die die Menschen nicht ertragen. Die Lüge und die Wahrheit. Und irgendwo dazwischen findet das Leben statt.

utoholiker

ersuchen Sie mal,
nen Autoholiker von
inem Gefährt zu
ntwöhnen.
ist unmöglich.
er braucht nun mal
in motorisiertes
ehäuse.

Früher waren die
Menschen Jäger und
Sammler, heute sind sie
Gasgeber und Brem-
ser. Sogar das
Suchen eines
Parkplatzes gehört
heute zur Allgemein-
bildung. Nebenwir-
kungen wie Unfälle,
Luftverschmutzung oder
kilometerlange Staus
werden akzeptiert,
müssen deshalb auf
der Packungsbeilage
nicht erwähnt werden.

Auch die Tierwelt wird
nicht verschont. Für so
manchen Autofahrer
sind Igel und Füchse
plattgefahrene Fladen
am Strassenrand, mit
der Aufschrift „Pirelli".

Scheidungskinder

Pendler zwischen zwei Nestern, aus denen sie gefallen sind. Die Worte der Trennung im Herzen, ahnend,
dass nicht der Tod die Liebe tötet, sondern das Leben.

Die Unzufriedenheit als Luxus

All die übelgelaunten Gesichter. In einem der reichsten Länder der Welt, sollte man mehr zufriedenen Gesichtern begegnen. Auch Lachen hört man selten. Vielleicht geht es uns einfach zu gut, und wir können uns den Luxus leisten, wunschlos unzufrieden zu sein.

Gedanken eines Träumers

Am besten begegnet man den Menschen, in dem man sie schlafend antrifft. Überhaupt sollte mehr geschlafen werden. Sei es in Regierungsgebäuden, auf Schlachtfeldern oder in den Büros von Wirtschaftsstrategen. Ausgeschlafene Politiker, Generäle oder Wirtschaftsführer, die in zerknitterten Pyjamas, mit zerzausten Haaren und verträumten Augen vors Volk treten und in ruhigen Worten von ihren Träumen erzählen, wären ein grosser menschlicher Beitrag für eine friedlichere Welt. Ich kann mir einfach nicht vorstellen, dass diese Leute nur von Macht, Intrigen, Geld und Krieg träumen. Unter all dem Geröll in diesen Herzen, muss es noch etwas anderes geben.

Warnung

Das Leben ist ein reissender Fluss.

Nichtschwimmer sollten sich nicht zu weit vom Ufer entfernen.

Loslassen

Ich habe versucht,
das Glück einzusperren.
Doch es drohte zu verkümmern.
Da liess ich es frei.
Seither besucht es mich ab und zu.

Der Gewissensbiss

Von allen Bissarten kommt der Gewissensbiss am häufigsten vor. Im Gegensatz zum Schlangen- oder Hundebiss, die schmerzhaft und gefährlich sind, braucht man jedoch wegen einem Gewissensbiss den Arzt nicht aufzusuchen. Der Biss kann mit einfachen Hausmitteln wie Alkohol zur Gewissensberuhigung selber behandelt werden. Das sicherste Mittel gegen den Gewissensbiss ist aber ein zahnloses Gewissen. Dadurch wird der Biss schon im Ansatz verhindert. Wer sich die Beisserchen entfernen lässt oder selber ausreisst, braucht sich zeitlebens kein Gewissen mehr zu machen.

Unterschied

Früher nahmen sich die Menschen ein Leben lang Zeit, um alt zu werden. Heute versuchen sie, ein Leben lang jung zu bleiben. Auch wenn die Schubladen in den Herzen schwer geworden sind, von all den Geschichten im Laufe eines Lebens. Alt sein will niemand. Im Gegensatz zu den Rebstöcken geniesst das Alter bei den Menschen keine Wertschätzung.

Bergwanderung

Die Menschen verlassen,
um mit der Stille zu reden
und Gesichter durch Bergblumen
zu ersetzen.

Kinder

Spielen wollen sie und geliebt werden. Und wenn ihre kleinen Herzen traurig sind, wollen sie getröstet werden. Und wenn sie Angst haben, wollen sie beschützt werden. Es gibt keine Unterschiede zwischen dem Lachen der Kinder, genauso wenig wie es keine Unterschiede zwischen den Tränen der Kinder gibt. Egal, welche Hautfarbe ein Kind hat, egal, welche Sprache es spricht. Wenn Kinder Krieg und Not erleben, so erleben dies alle Kinder. Denn sie werden einmal Erwachsene sein, die zusammenleben müssen.

Die Liebe ist viereckig

Die Liebe verschwindet zunehmends in Computern, wird aufgesogen von Tastaturen und Bildschirmen, wie Wasser von trockener Erde. Anstatt sich ihren Lebensgefährten zu widmen, verbringen immer mehr Menschen ihre Zeit vor diesen viereckigen, flachgepressten Liebestötern.

Die Zeiten ändern sich

Die Welt wird von unruhigen Seelen geprägt. Alles soll schneller und effizienter werden. Aber warum nur? Eines Tages geben wir sowieso den Löffel ab, mit dem Gefühl, es sei alles zu schnell vorbeigegangen. Gewiss, die Welt befindet sich im Umbruch. Zur häufigsten Bruchart wurde der Einbruch, der im Gegensatz zum Ehebruch sofort bemerkt und gemeldet wird. Auch die Art des Grüssens hat sich mancherorts stark verändert. Anstelle des Hochhebens des Hutes, was in früheren Zeiten noch gross in Mode war, erhalten sie heute eins auf die Birne. Immer häufiger trifft man auch in zeitgemäss geführten Beziehungen auf den Zivilstand „abwesend". Ein Zeichen dafür, dass auch in der Liebe das Tempo erhöht wurde. Und auf dem globalisierten Arbeitsmarkt, auf dem auf Fusionen und Auslagerungen von Arbeitsplätzen meist Entlassungen folgen, gelangt wohl mancher Mitarbeiter zur Einsicht, er wäre besser Orgelbauer geworden. Da weiss man von Anfang an, dass man es mit Pfeifen zu tun hat. Es geht vieles den Bach runter, in dieser immer schneller fliessenden Welt. Vielleicht fühlen sich deshalb so viele Menschen wie Treibholz. Hoffen wir, dass die Zukunft schwimmen kann. Doch wie sagte schon Einstein: „Man muss die Welt nicht verstehen, man muss sich in ihr zurechtfinden." Und dieser Ausspruch ist mindestens zwei Steine wert.

Keine Zeit

Falls der Ausspruch „Zeit ist Geld" tatsächlich zutrifft, wäre die Zeit die stabilste Währung der Welt. Zudem wäre dann auch derjenige reich, der viel Zeit auf seinem Lebenskonto hat. Zeit haben, heisst leben. Nur Tote haben keine Zeit. Darum stirbt jedesmal, wenn jemand sagt „Ich habe keine Zeit", ein kleines Stück seines Lebens. Und wer zu schnell durchs Leben geht, darf sich nicht wundern, wenn er den Boden unter den Füssen verliert.

Der höchste Berg der Welt

Der Schuldenberg ist der einzige Berg, der stetig wächst. In kürzester Zeit von Menschenhand geschaffen, wurde er zum höchsten Berg der Welt. Doch niemand will ihn besteigen und sich auf dem Gipfel fotografieren lassen. Nicht einmal anschauen wollen wir ihn. Und trotzdem ist er der Berg, der am meisten Opfer fordert.

Marktplatz der Seelen

Jeder ist ersetzbar, aber keiner weiss, wo er hingehört. Wie Vögel ohne Nester. Immer in der Luft. Und plötzlich bricht ein Flügel ab. Wie sollen sich Menschen in einer Welt zurechtfinden, die täglich neu gestrichen wird und von Zahlen beherrscht, zu einem Marktplatz der Seelen verkommt? Eine Welt, in der immer mehr Menschen mit geschlossenem Mund nach Hilfe rufen. Die Seele des globalisierten Menschen muss die Form einer Zitrone haben. Sonst könnte man sie nicht dermassen auspressen.

Bemerkungen eines Inländers

Man spricht viel von Integration und meint damit die Ausländer. Integration in eine Leistungsgesellschaft, in der immer mehr Integrierte wieder ausgegrenzt werden, weil sie den Anforderungen nicht entsprechen oder weil sie zu teuer sind. Das betrifft aber auch Inländer. Arbeitslose, Ausgesteuerte oder Sozialhilfebezüger, die aufs Abstellgleis geführt werden, um sich dort das Wort Wiedereingliederung anzuhören. Und das in einer globalisierten Gesellschaft, in der nur die Besten oder Kostengünstigsten ausgesucht werden. Das ist ungefähr so ehrlich, wie wenn ein Berufsboxer von sich behaupten würde, er übe seinen Beruf nach dem christlichen Grundsatz aus: Geben ist seliger denn nehmen. Natürlich sollen Ausländer integriert werden. Fragt sich nur, ob wir uns selber in einem Gesellschaftssystem integrieren wollen, das sich nur noch an Börsenkursen, Effizienz und Verkaufszahlen orientiert. Eine Welt, die wir immer weniger verstehen, in der Menschen als Ware mit Ablaufdatum betrachtet werden. Wer sich aber nicht akzeptiert oder aussortiert fühlt, kann andern nicht helfen. Welche Werte, ausser der Sprache, soll er dem zu integrierenden vermitteln? Diejenigen, an denen er selber zweifelt oder scheitert? Die ihn selber entwurzeln, obwohl er die Sprache gut spricht? Und wieviel ist der andere bereit, von sich selber aufzugeben, um Fremdes anzunehmen? Integration lässt sich nicht verordnen. So etwas glauben nur Politiker. Sie hat ausschliesslich mit uns Menschen und unseren Eigenarten zu tun. Und genau das macht es so schwierig. Das einzige, das problemlos integriert werden kann, sind Fremdwährungen. Am liebsten in grossen Mengen.

Drei Worte

Wir sammeln Antiquitäten, kaufen teure alte Gegenstände. Wie Wurzeln erscheinen sie uns, in denen Geschichten und Erinnerungen gespeichert sind. Doch wir übersehen dabei, was ebenfalls wert wäre aufbewahrt zu werden, von uns kaum beachtet wird. Die Geschichten und Erinnerungen unserer Alten. Quellen, aus denen wir schöpfen könnten, in einer Welt, in der immer mehr Menschen ihr Leben wie entwurzelte Bäume fristen. Eine Welt, geprägt vom Ausspruch: „Jeder ist ersetzbar." Es sind nur drei Worte, aber sie verändern unser Leben. Vielleicht betrachten wir deshalb so liebevoll alte Möbelstücke, weil sie nur sehr schwer zu ersetzen sind.

Gedanken mit Widerhaken

Seitdem wir die Ewigkeit erfunden haben, fällt es uns schwer, die Vergänglichkeit zu akzeptieren.

Manchmal, wenn der Frieden des Kämpfens müde ist, schliesst er die Augen. Doch er schläft mit der Waffe in der Hand.

Mit der Liebe und dem Tod ist überall und jederzeit zu rechnen.

Namen

Indianer erhielten ihre Namen oft aufgrund besonderer Verdienste wie mutigem Verhalten auf der Jagd, ruhmreiche Taten oder bemerkenswerten Eigenschaften. Leider ist dies bei uns nicht üblich. Wäre es doch eine echte Möglichkeit, unser Verhalten und Zusammenleben ehrlicher und ruhmreicher zu gestalten. Wer würde sich nicht davor fürchten, sein Leben lang einen unrühmlichen Namen tragen zu müssen? Kein Politiker würde Wert darauf legen, dass man ihn mit „korrupter Büffel" ansprechen würde. Kein Manager würde es schätzen wenn er mit „Häuptling wandelnder Geldbeutel" oder „der mit den Millionen verschwand" begrüsst würde.

Bei der Namensgebung unserer Autos haben wir da keine Hemmungen. Mustang, Panda, Jaguar oder Manta taufen wir die Karossen, mit denen wir durch die Gegend rasen. Doch sollten wir auch hier Tiernamen verwenden, die etwas über die Fahrkünste und Charaktereigenschaften der Autofahrer aussagen. Aber wer würde schon ein Auto kaufen, das Wildsau heisst?

Das verlorene Paradies

Unser helvetischer Seufzer „jä nu" sagt viel aus über unsere Art mit dem Leben umzugehen. Wenn etwas nicht klappt oder nicht unseren Vorstellungen entspricht, sagen wir „jä nu" und zucken mit den Schultern. Vermutlich ist dies auch der letzte Seufzer, der über unsere Lippen huscht, wenn wir am Himmelstor vor Petrus stehen. Und so sitzen wir dann eine Ewigkeit lang auf den Wolken und schauen auf die Erde hinunter, deren Schätze wir zu wenig geliebt, dafür aber zu oft kritisiert haben und seufzen ab und zu „jä nu".

Über das Schreiben

Schreiben lernte ich mit Griffel und Schiefertafel. Danach schrieb ich mit Stahlfedern, die an einem Federhalter befestigt, in ein Tintenfass getunkt wurden. Bleistifte, Füllfederhalter, Kugelschreiber und Filzstifte bereicherten später die Vielfalt des Schreibens. Entfernt wurde Geschriebenes mit Schwämmchen, Rasierklingen, Radiergummis oder Tipp-Ex. Wie armselig erscheint mir das heutige Schreiben und Korrigieren mit dem Computer.

Erwachsenenwelt

Als Kind hörte ich von den Erwachsenen oft den Satz: „Warte nur, bis du einmal erwachsen bist, dann kommst du nochmals auf die Welt." Genauso war es. Verlassen werde ich sie aber nur einmal.

Ohne Zukunft

Manchmal betrachte ich das Leben rückwärts. Dadurch verschwindet die Zukunft. Aber da ich noch nie in der Zukunft gelebt habe, vermisse ich sie auch nicht. Dafür wird die Gegenwart umso gewichtiger. Und auch die Vergangenheit, in der ich mein Leben verbracht habe erhält durch diese Betrachtungsweise ihren angemessenen Platz. Und jedes Mal frage ich mich, ob die Zukunft nicht eine Erfindung von uns Menschen ist, um der Vergangenheit zu entfliehen.

Fortgehen

Nur das Leben mitnehmen.
Und eine Handvoll Erinnerungen,
die nie verblassen werden.

Inhaltsverzeichnis

Über uns

linthverlag

Damit Ihr Projekt kein „Projekt" bleibt
Ihr Buch ist geschrieben, Ihr Bilderbuch gezeichnet, aber Sie haben noch keinen geeigneten Verlag gefunden? Gerne unterstützen wir Sie dabei, Ihr eigenes Buch in unserem Verlag zu publizieren. Wir übernehmen die Projektabwicklung und den Vertrieb Ihres Buches.

Über uns
Gaby Ferndriger-Aebli: Buchhändlerin und erfahrene Verlegerin mit profunden Kenntnissen des Handels und Vertriebs von Büchern.
Verlagsleiterin der Baeschlin-Verlagsgruppe.

Andri Zubler: Kaufmann in Ausbildung

Im linthverlag publizieren wir Werke in sehr enger Zusammenarbeit mit den Autorinnen und Autoren. Wir beraten Sie gerne in allen Schritten der Herstellung des Buches. Doch entscheiden, tun Sie! Unser Ziel ist es, dass Sie Ihre Idee genau so umsetzen können, wie Sie sich das vorgestellt haben.

Unser Grundangebot
- Projektbetreuung vom Manuskript
  bis zum gedruckten Buch
- Beurteilung des Projekts bezüglich Marktchancen
- Beratung in Form und Inhalt
- Projektabwicklung und Inkasso
- Offerten für Druck einholen und
  bestes Preis-Leistungs-Angebot eruieren
- Vermittlung eines professionellen,
  günstigen Korrektorates/Lektorats
- Sicherstellung der Bestellbarkeit, Eintrag in alle
  einschlägigen Kataloge der Branche
- Titelankündigung im Newsletter an Buchhandel
  und Presse
- Vergabe einer ISBN und eines Strichcodes